POLEGARZINHA

Do autor:

Hominescências
A guerra mundial
O incandescente
Variações sobre o corpo
Ramos
Júlio Verne: a ciência e o homem contemporâneo
Os cinco sentidos
O mal limpo
Notícias do mundo
Tempo de crise

MICHEL SERRES
DA ACADEMIA FRANCESA

POLEGARZINHA

6ª edição

Tradução
Jorge Bastos

Rio de Janeiro | 2024

Copyright © Éditions Le Pommier, 2012
Título original: *Petite Poucette*
Capa: Sérgio Campante
Imagem de capa: Winfred Evers / Getty Images
Editoração: FA Studio

Texto revisado segundo o
Acordo Ortográfico da Língua Portuguesa de 1990

2024
Impresso no Brasil
Printed in Brazil

Cip-Brasil. Catalogação na fonte
Sindicato Nacional dos Editores de Livros. RJ

S51p 6ª ed.	Serres, Michel, 1930- Polegarzinha / Michel Serres; tradução Jorge Bastos. – 6ª ed. – Rio de Janeiro: Bertrand Brasil, 2024. 96 p. : 21 cm Tradução de: Petite poucette ISBN 978-85-286-1646-0 1. Sociedade da informação – Aspectos sociais. I. Título 1.
12-7995	CDD: 303.483 CDU: 316.4

Todos os direitos reservados pela:
EDITORA BERTRAND BRASIL LTDA.
Rua Argentina, 171 – 3º andar – São Cristóvão
20921-380 – Rio de Janeiro – RJ
Tel.: (021) 2585-2000

Não é permitida a reprodução total ou parcial desta obra, por quaisquer meios, sem a prévia autorização por escrito da Editora.

Atendimento e venda direta ao leitor:
sac@record.com.br

SUMÁRIO

1. Polegarzinha.. 9

2. Escola.. 33

3. Sociedade... 59

Para Hélène,
formadora dos formadores da Polegarzinha,
ouvinte dos ouvintes dos Polegarezinhos.

Para Jacques, poeta
que os faz cantar.

1. POLEGARZINHA

Antes de ensinar o que quer que seja a alguém, é preciso, no mínimo, conhecer esse alguém. Nos dias de hoje, quem se candidata à escola, ao ensino básico, à universidade?

I

NOVIDADES

Esse novo aluno, essa jovem estudante nunca viu um bezerro, uma vaca, um porco, uma ninhada. Em 1900, a maioria das pessoas no planeta trabalhava na lavoura ou com gado; em 2011, a França, assim como países semelhantes, não tem mais de 1% de camponeses entre os seus habitantes. Deve-se ver nisso uma das mais fortes rupturas na história, desde o neolítico. Nossas culturas, que antigamente se remetiam às práticas geórgicas apenas, mudaram de forma repentina. Entretanto, em todo o planeta, é ainda graças à terra que comemos.

Aqueles que aqui apresento não vivem mais na companhia de animais, não habitam mais a mesma Terra, não têm mais a mesma relação com o mundo. Ela ou ele admira apenas a natureza arcadiana, aquela do lazer e do turismo.

Ele mora na cidade. Seus antepassados diretos, mais da metade deles, vivia no campo. Ele, porém, prudente, respeitoso e mais sensível com relação ao meio ambiente, polui menos do que nós, adultos inconscientes e narcísicos.

A vida física não é mais a mesma nem a população em número, tendo a demografia saltado bruscamente, no decorrer de tempo de uma vida humana, de dois para sete bilhões de seres humanos. Ele habita um mundo muito povoado.

Agora, sua expectativa de vida beira os 80 anos. No dia em que se casaram, seus bisavós haviam prometido fidelidade por apenas uma década. Ele e ela, entretanto, caso pensem em viver juntos, irão prometer o mesmo por 65 anos? Os pais herdaram quando tinham cerca de 30 anos de idade, eles, porém, terão que esperar a velhice para receber o legado. Não são mais as mesmas idades que eles conhecem, nem o mesmo casamento, nem a mesma transmissão de bens.

Ao partir para a guerra, com uma flor no fuzil, seus pais ofereciam à pátria uma expectativa de vida breve; terão eles a mesma atitude, tendo pela frente uma expectativa de seis décadas?

Há sessenta anos, intervalo único na história ocidental, não há mais guerra. Em breve, nem seus governantes e professores conhecerão essa experiência.

Beneficiários de uma medicina finalmente eficaz e de medicamentos antálgicos e anestésicos, eles sofreram menos do que seus antepassados, do ponto de vista estatístico. Passaram fome? Para eles, toda moral, religiosa ou laica, se resumia a exercícios destinados a suportar uma dor inevitável e cotidiana: a doença, a penúria, a crueldade do mundo.

Não têm mais o mesmo corpo nem o mesmo comportamento; adulto nenhum soube inspirar-lhes uma moral adequada.

Enquanto os pais foram concebidos às cegas, seus nascimentos foram programados. Como a idade da mãe avançou dez ou quinze anos para gerar o primeiro filho, os pais dos alunos mudaram de geração. Mais da metade deles se divorciou. Acompanham menos os filhos?

Ele e ela não têm mais a mesma genealogia.

Enquanto as gerações anteriores assistiam às aulas em salas ou auditórios universitários homogêneos culturalmente, eles estudam em uma coletividade em que agora convivem várias religiões, línguas, origens e costumes. Para eles e para os professores, o multiculturalismo é a regra. Por quanto tempo ainda vão entoar, na França, o horrível "sangue impuro" de algum estrangeiro?*

O mundo global não é mais o mesmo, nem o mundo humano. Ao redor, filhas e filhos de imigrados, vindos de países menos ricos, tiveram experiências vitais inversas das que eles conheceram.

Balanço provisório. Qual literatura, qual história eles irão compreender, felizes, sem ter convivido com a rusticidade, com os animais domésticos, com as colheitas do verão, com diversos conflitos, com cemitérios, com feridos, com famintos, com pátria, com bandeira ensanguentada, com monumentos aos mortos... e sem ter experimentado, no sofrimento, a urgência vital de uma moral?

---

* Referência à letra da Marselhesa, hino nacional francês. (N.T.)

II
AQUILO PARA O CORPO, ISSO PARA O CONHECIMENTO

Seus antepassados baseavam sua cultura em um horizonte temporal de alguns milhares de anos, assentada na Antiguidade greco-latina, na Bíblia judaica, em algumas tabuinhas cuneiformes e em uma pré-história curta. Mas a perspectiva temporal passou a ser bilionária e se remete à barreira de Planck, passa pela acreção do planeta, pela evolução das espécies, por uma paleoantropologia milionária.

Não habitamos mais o mesmo tempo; eles vivem outra história.

São formatados pela mídia, propagada por adultos que meticulosamente destruíram a faculdade de atenção deles, reduzindo a duração das imagens a 7 segundos e o tempo de resposta às perguntas a 15 – são números oficiais. A palavra mais repetida é "morte" e a imagem mais representada é a de cadáveres. Com 12 anos, os adultos já os forçaram a ver mais de 20 mil assassinatos.

São formatados pela publicidade: como podemos ensinar a eles que a palavra "relais", em língua francesa, termina em "ais", se veem, em todas as estações de trem, "ay"?* Como ensinar o sistema métrico quando, da maneira mais idiota do mundo, a SNCF divulga seus S'Miles?**

Nós, adultos, transformamos nossa sociedade do espetáculo em sociedade pedagógica, cuja concorrência esmagadora, orgulhosamente inculta, ofusca a escola e a universidade. Pelo tempo de exposição de que dispõe,

---

* *Relais* é palavra corrente em francês, mas antigamente eram as etapas em que o serviço de correio trocava cavalos cansados por cavalos descansados. Passou a ter amplo leque de significados, como "troca", "revezamento", "hospedaria" etc. *Relay*, no caso, é uma enorme rede, com mais de mil lojas, de venda de livros, jornais e revistas, espalhadas em estações de trem, de metrô, aeroportos etc. em vários países. (N.T.)

** Programa de fidelidade e contagem de pontos para obtenção de bônus comerciais que, aliás, a SNCF (Sociedade Nacional Francesa de Ferrovias) abandonou em maio de 2012, passando a usar um sistema próprio. (N.T.)

pelo poder de sedução e pela importância que tem, a mídia há muito tempo assumiu a função do ensino.

Criticados, menosprezados, vilipendiados, já que pobres e discretos, apesar de concentrarem o recorde mundial dos Prêmios Nobel recentes e das medalhas Fields, tendo em vista o número da população, nossos professores se tornaram os menos ouvidos dentro desse sistema instituidor dominante, rico e ruidoso.

Essas crianças, então, habitam o virtual. As ciências cognitivas mostram que o uso da internet, a leitura ou a escrita de mensagens com o polegar, a consulta à Wikipédia ou ao Facebook não ativam os mesmos neurônios nem as mesmas zonas corticais que o uso do livro, do quadro-negro ou do caderno. Essas crianças podem manipular várias informações ao mesmo tempo. Não conhecem, não integralizam nem sintetizam da mesma forma que nós, seus antepassados.

Não têm mais a mesma cabeça.

Por celular, têm acesso a todas as pessoas; por GPS, a todos os lugares; pela internet, a todo o saber: circulam, então, por um espaço topológico de aproximações, enquanto nós vivíamos em um espaço métrico, referido por distâncias.

Não habitam mais o mesmo espaço.

Sem que nos déssemos conta, um novo ser humano nasceu, no curto espaço de tempo que nos separa dos anos 1970.

Eles não têm mais o mesmo corpo, a mesma expectativa de vida, não se comunicam mais da mesma maneira, não percebem mais o mesmo mundo, não vivem mais na mesma natureza, não habitam mais o mesmo espaço.

Nascidos com peridural e data programada, não temem mais, sob cuidados paliativos, a mesma morte.

Não tendo mais a mesma cabeça que os pais, é de outra forma que eles conhecem.

É de outra forma que escrevem. Foi por vê-los, admirado, enviar SMS com os polegares, mais rápidos do que eu jamais conseguiria com todos os meus dedos entorpecidos, que os batizei, com toda a ternura que um avô possa exprimir, a Polegarzinha e o Polegarzinho. É o nome certo, melhor do que o antigo, falsamente erudito, de "datilógrafo".

Eles não falam mais a mesma língua. Desde Richelieu, a Academia Francesa publica, mais ou menos de vinte em vinte anos, como referência, o *Dicionário* da língua francesa. Nos séculos anteriores, a diferença entre duas publicações se mantinha de certa forma constante, na casa das 4 mil, 5 mil palavras. Entre a última publicação e a próxima, ela será de cerca de 35 mil.

Nesse ritmo, pode-se imaginar que nossos sucessores talvez se sintam, amanhã, tão distantes de nossa língua quanto nós, hoje, do francês antigo usado por Chrétien de Troyes ou Joinville. Esse gradiente fornece uma indicação quase fotográfica das transformações que descrevo.

Essa imensa diferença, que afeta a maioria das línguas, parcialmente se deve à ruptura entre as profissões de outrora e as de hoje. A Polegarzinha e seu companheiro não se dirigirão mais aos mesmos trabalhos.

A língua mudou, o trabalho se transformou.

III
O INDIVÍDUO

Mais ainda, eles se tornaram indivíduos. Inventado por São Paulo, no início da nossa era, o indivíduo acaba de nascer nos dias de hoje. De outrora até recentemente,* vivíamos de filiações e vínculos: franceses, católicos, judeus, protestantes, muçulmanos, ateus, gascões ou picardos, fêmeas ou machos, indigentes ou afortunados... Pertencíamos a regiões, a religiões, a culturas, ao mundo rural ou urbano, a times, a comunidades, a um sexo, um sotaque, um partido, uma Pátria. Pelas viagens, pelas imagens, pela internet e por guerras abomináveis, quase todas essas coletividades, explodiram.

As que restam se desintegram.

---

* *Jadis et naguère* ("Outrora e recentemente") é uma coletânea famosa de versos de Verlaine. Procurou-se, então, manter a expressão que aparecerá algumas vezes ao longo do livro. (N.T.)

O indivíduo não sabe mais viver em casal e se divorcia; não sabe mais se manter em sala de aula e se mexe e conversa; não reza mais na igreja. No ano passado, nossos jogadores de futebol não souberam constituir equipe;* e nossos políticos ainda sabem construir um partido plausível ou formar um governo estável? Por todo lugar se diz sobre o fim das ideologias, mas são as filiações que as criavam que se desfizeram.

Esse recém-nascido indivíduo acaba sendo, porém, uma boa notícia. Comparando os inconvenientes disso que os velhos ranzinzas chamam de "egoísmo" com os crimes cometidos por ou pela *libido* de pertencimento — centenas de milhões de mortos —, amo de forma apaixonada esses jovens.

Dito isso, resta, então, inventar novos laços. Prova disso, a força de atração do Facebook, quase equipolente à população do mundo.

Como um átomo sem valência, a Polegarzinha está desprotegida. Nós, adultos, não inventamos nenhum novo laço social. A iniciativa generalizada de suspeitar, de criticar e de indignar-se mais contribuiu para destruí-los.

---

* Lembrança do fiasco francês — não somente pelos resultados — na Copa do Mundo da África do Sul, em 2010. (N.T.)

Raríssimas na história, essas transformações, que chamo de "*hominescentes*",* abrem, no nosso tempo e nos nossos grupos, uma rachadura tão larga e evidente que poucos olhares a avaliaram devidamente, comparável àquelas, visíveis, do neolítico, do início da era cristã, do final da Idade Média e do Renascimento.

Na extremidade dessa fenda, temos jovens aos quais pretendemos ensinar, em estruturas que datam de uma época que eles não reconhecem mais: prédios, pátios de recreio, salas de aula, auditórios universitários, campus, bibliotecas, laboratórios, os próprios saberes... Estruturas que datam, dizia eu, de uma época e adaptadas a um tempo em que os seres humanos e o mundo eram algo que não o são mais.

Então, faço três perguntas.

---

* Neologismo que designa a emergência hominídea (cf. *Hominescências*, Bertrand Brasil). (N.T.)

IV
O QUE TRANSMITIR?
A QUEM TRANSMITIR?
COMO TRANSMITIR?

O que transmitir? O saber!

Outrora e recentemente, o saber tinha como suporte o corpo do erudito, do aedo, do contador de histórias. Bibliotecas vivas: esse era o corpo docente do pedagogo.

Pouco a pouco, o saber se objetivou: primeiro em rolos, em velinos ou pergaminhos, suportes da escrita. Depois, a partir do Renascimento, em livros de papel, suportes da imprensa. E hoje, concluindo, na internet, suporte de mensagens e de informação.

A evolução histórica da dupla suporte-mensagem é uma boa variável da função do ensino. Com ela, a pedagogia muda pelo menos três vezes: com a escrita, os gregos inventaram a *paideia*; na sequência da imprensa, abundaram os tratados de pedagogia. E hoje?

Repito. *O que transmitir? O saber? Ele está agora por todo lugar, na internet, disponível, objetivado. Transmiti-lo a todos? O saber inteiro passou a estar acessível a todo mundo. Como transmitir? Pronto, é coisa feita.*

Com o acesso às pessoas pelo celular e com o acesso a todos os lugares pelo GPS, o acesso ao saber se abriu. De certa maneira, já está o tempo todo e por todo lugar transmitido.

Certamente objetivado, mas, além disso, distribuído. Não concentrado. Vivíamos em um espaço métrico, como já disse, que se referia a centros, a concentrações. Uma escola, uma sala de aula, um campus, um auditório universitário representam concentrações de pessoas, de estudantes e professores, livros em bibliotecas, aparelhagem nos laboratórios... Todo esse saber, essas referências, esses textos, esses dicionários se encontram agora distribuídos por todo lugar, na sua própria casa – até observatórios! –, eles estão por todos os espaços por onde você se desloca. Além disso, é possível contatar colegas ou alunos onde quer que estejam; eles vão responder facilmente

O antigo espaço de concentrações – este, inclusive, em que falo e em que me ouvem; o que, aliás, fazemos aqui? – se dilui, se espalha. Vivemos, acabei de dizer, em um espaço de proximidades imediatas, e, além disso, ele é distributivo. Eu poderia estar falando de casa ou de alhures e vocês me ouviriam em outro lugar ou nas suas casas. O que, então, fazemos aqui?

Mas não venham dizer que faltam ao aluno funções cognitivas que permitam a assimilação do saber assim distribuído, uma vez que justamente essas funções se transformam com o aparato e por meio dele. Pela escrita e pela imprensa, a memória, por exemplo, sofreu uma mutação a ponto de Montaigne preferir uma cabeça bem-constituída a uma cabeça bem cheia.* Essa mesma cabeça acaba de passar por outra mutação.

Da mesma maneira que a pedagogia foi inventada pelos gregos (*paideia*), no momento da invenção e da propagação da escrita, e assim como ela se transformou ao emergir a imprensa, no Renascimento, a pedagogia muda completamente com as novas tecnologias, cujas novidades são apenas uma variante qualquer, dentre as dez ou vinte que já citei ou poderia detalhar.

Sentimos ser urgentemente necessária essa mudança decisiva do ensino – mudança que pouco a pouco

---

* Montaigne se referia às suas preferências pedagógicas (*Ensaios*, cap. I), pondo a inteligência acima do acúmulo de conhecimento. (N.T.)

repercute na sociedade mundial e no conjunto de suas instituições ultrapassadas; mudança que não abala apenas o ensino, mas também, e muito, o trabalho, as empresas, a saúde, o direito e a política, isto é, o conjunto de nossas instituições –, mas estamos longe disso ainda.

Provavelmente por não terem ainda se aposentado, os que se arrastam na transição entre as últimas etapas são quem decidem as reformas, seguindo modelos há muito tempo superados.

Professor durante meio século, em muitos lugares do mundo – nos quais essa fenda se abre tão amplamente quanto em meu próprio país –, tive de aceitar e atravessei tais reformas, que parecem com curativos feitos em uma perna de pau, apressados e malfeitos. Só que os remendos acabam piorando o estado da tíbia, mesmo que artificial, e enfraquecem o que se tentava consolidar.

De fato, há algumas décadas, vejo que vivemos um período comparável ao da aurora da *paideia* – depois que os gregos aprenderam a escrever e a demonstrar, semelhante à Renascença, que viu surgir a imprensa e ter início o reinado do livro. Mas trata-se de um período incomparável, pois, ao mesmo tempo em que essas técnicas se transformam, o corpo se metamorfoseia, o nascimento e a morte mudam, assim como o sofrimento e a cura, as profissões, o espaço, os hábitats, o ser no mundo.

V
INVOCAÇÃO

Diante dessas transformações, sem dúvida é necessário inventar novidades inimagináveis, fora do âmbito habitual que ainda molda nossos comportamentos, nossa mídia, nossos projetos originados na sociedade do espetáculo. Vejo em nossas instituições o mesmo brilho das constelações que os astrônomos nos dizem ter morrido há muito tempo.

Por que essas novidades não aconteceram? Eu acusaria os filósofos, entre os quais me incluo, gente que tem como vocação antecipar o saber e as práticas futuras e que, tenho a impressão, falhou nesse ponto. Presos cotidianamente à política, eles não perceberam o contemporâneo se aproximar.

Se tivesse de traçar um retrato geral dos adultos, no qual me incluo, a descrição seria ainda menos elogiosa.

Gostaria de ter 18 anos, a idade da Polegarzinha e do Polegarzinho, pois tudo tem de ser refeito, tudo tem de ser inventado.

Espero que a vida ainda me dê tempo suficiente para continuar trabalhando nisso, na companhia desses jovens aos quais me dediquei por sempre tê-los amado de forma respeitosa.

2. ESCOLA

A cabeça da Polegarzinha

Em *Legenda Áurea*, Jacques de Voragine conta um milagre que ocorreu em Lutécia, no século das perseguições decretadas pelo imperador Domiciano. O exército romano prendeu Denis, bispo eleito pelos primeiros cristãos de Paris. Encarcerado e depois torturado na Île de la Cité, foi condenado à decapitação em seguida no alto da colina que depois veio a se chamar Montmartre.

Por preguiça, os soldados não quiseram ir até o alto da colina e executaram a vítima no meio do caminho. A cabeça do bispo rolou pelo chão. Horror! Sem cabeça, Denis pegou-a no chão e, com ela nas mãos, continuou a subir a ladeira. Milagre! Aterrorizada, a legião fugiu. Acrescenta o autor que Denis deu uma parada para lavá-la e continuou seu caminho até a atual Saint-Denis. Foi canonizado.

A Polegarzinha abre seu computador. Mesmo sem se lembrar da lenda, ela considera ter a própria cabeça nas mãos e à sua frente, bem cheia, haja vista a quantidade enorme de informações disponíveis, mas também bem-constituída, já que os motores de busca trazem, à vontade, textos e imagens. Acrescente-se que dez programas podem tratar inúmeros dados, muito mais rapidamente do que ela seria capaz. A Polegarzinha tem, externamente, sua cognição, antigamente interna, como São Denis, que tinha a cabeça fora do pescoço. Pode-se imaginar a Polegarzinha decapitada? Seria um milagre?

Como ela, ultimamente todos nos tornamos São Denis. Nossa inteligência saiu da cabeça ossuda e neuronal. Entre nossas mãos, a caixa-computador contém e põe de fato em funcionamento o que antigamente chamávamos nossas "faculdades": uma memória mil vezes mais poderosa do que a nossa; uma imaginação equipada com milhões de ícones; um raciocínio, também, já que programas podem resolver cem problemas que não resolveríamos sozinhos. Nossa cabeça foi lançada à nossa frente, nessa caixa cognitiva objetivada.

Passada a decapitação, o que resta acima dos nossos ombros? A intuição inovadora e vivaz. De dentro da caixa, o aprendizado nos permite a alegria incandescente de inventar. Combustão: estamos condenados à inteligência?

Quando surgiu a imprensa, Montaigne, como eu disse, preferiu uma cabeça bem-constituída a um saber acumulado, pois a cumulação, já objetivada, se encontrava nos livros, nas prateleiras de sua biblioteca. Antes de Gutemberg, quem se dedicasse à História precisava saber de cor Tucídides e Tácito; quem se interessasse por Física, Aristóteles e os mecanicistas gregos; Demóstenes e Quintiliano, quem almejasse se sobressair na arte oratória... ou seja, tinham de ter a cabeça cheia. Economia: lembrar-se do lugar do volume na estante da biblioteca custa menos, em termos de memória, do que guardar todo o seu conteúdo. Nova economia, radical: ninguém precisa mais se lembrar do lugar, um buscador on-line cumpre essa tarefa.

Agora, a cabeça decapitada da Polegarzinha se diferencia das antigas, mais bem-constituídas do que cheias. Não tendo mais que se esforçar tanto para armazenar o saber, pois ele se encontra estendido diante dela, objetivo, coletado, coletivo, conectado, totalmente acessível, dez vezes revisto e controlado; ela pode voltar sua atenção para a ausência que se mantém acima do pescoço cortado. Circula por ali o ar, o vento ou, melhor ainda, aquela luzinha pintada por Bonnat, o pintor *pompier*, ao desenhar o milagre de São Denis nas paredes do Panthéon de Paris. É onde reside a nova genialidade, a inteligência inventiva, a autêntica subjetividade cognitiva. A originalidade de nossa jovem se refugia nesse vazio translúcido, sob a agradável brisa. Conhecimento de custo quase zero e, no entanto, difícil de agarrar. A Polegarzinha comemora o fim da era do saber?

O DURO E O SUAVE*

Como essa transformação humana, tão decisiva, pôde ocorrer? Com nosso espírito prático e decisivo, irresistivelmente achamos que as revoluções se fazem em torno das coisas duras: importam, para nós, as ferramentas, martelos e foices. Inclusive damos nomes assim a algumas eras da História: Revolução Industrial recente, Idades do Bronze e do Ferro, da Pedra Polida ou Talhada. Mais ou menos cegos e surdos, damos menor atenção aos sinais, suaves, do que às máquinas tangíveis, duras e práticas.

Entretanto, as invenções da escrita e, mais tarde, da imprensa reviraram as culturas e as coletividades mais intensamente do que as ferramentas. O duro mostra sua eficácia sobre as coisas do mundo; o suave,

---

* A oposição duro/suave deve ser entendida como a que opõe, por exemplo, as ciências "duras" (exatas e formais) e as ciências "moles" (humanas e sociais) ou como, com a generalização da informática, entendemos o *hard* e o *soft*. (N.T.)

sobre as instituições humanas. As técnicas conduzem ou pressupõem as ciências duras; as tecnologias pressupõem e conduzem as ciências humanas, as assembleias públicas, a política e a sociedade. Porventura teríamos, sem a escrita, nos reunido em cidades, estabelecido o direito, fundado o Estado, concebido o monoteísmo e a história, inventado as ciências exatas, instituído a *paideia*...? Teríamos garantido a continuidade disso tudo? Sem a imprensa, teríamos, no Renascimento – designação das mais acertadas –, mudado o conjunto daquelas instituições e assembleias? O suave organiza e federa quem utiliza o duro.

Nem sempre percebemos, mas vivemos em coletividade, hoje em dia, como filhos do livro e netos da escrita.

O ESPAÇO DA PÁGINA

De forma impressa, a escrita se projeta hoje por todo o espaço, a ponto de invadir e ocultar a paisagem. Cartazes de publicidade, sinalizações rodoviárias, indicações de ruas e avenidas, horários nas estações, placares nos estádios, traduções na Ópera, rolos dos profetas nas sinagogas, evangeliários nas igrejas, bibliotecas nos campus, quadros-negros nas salas de aula, Power Point nos auditórios universitários, revistas e jornais...: a *página* nos domina e nos conduz. A tela a reproduz.

Cadastro rural, mapas de cidades ou de urbanismo, as plantas baixas dos arquitetos, projetos de construção, desenhos de salas públicas e de quartos íntimos... tudo imita, pelos quadriculados suaves e paginados, o *pagus* dos nossos ancestrais; terrenos quadrados semeados de forragem ou terras lavradas, na dureza das quais os camponeses deixavam o risco, a marca da charrua. O sulco, desde então, escreveu sua linha naquele espaço recortado. É a unidade espacial da percepção, da ação, do projeto, é o formato multimilenar, quase tão pregnante para nós homens, pelo menos os ocidentais, quanto o hexágono para as abelhas.

Novas tecnologias

Esse formato-página nos domina de tal forma, mesmo sem sabermos, que as novas tecnologias ainda não o abandonaram. A tela do computador – que se abre como um livro – o imita, e a Polegarzinha ainda escreve nele com seus dez dedos ou, no celular, com os dois polegares. Terminado o trabalho, ela corre para imprimir. Os novidadeiros de todo tipo procuram o novo livro eletrônico e a eletrônica ainda não se via livre do livro, embora implique algo bem diferente desse, bem diferente do formato trans-histórico da página. Falta descobrir esse algo. A Polegarzinha vai nos ajudar.

Para mim foi uma surpresa ver se erguerem, há alguns anos, no campus de Stanford – onde sou professor há três décadas –, nas proximidades do antigo Quadrangle e financiados pelos vizinhos bilionários do Vale do Silício, arranha-céus destinados à informática, mais ou menos idênticos – exceto pelo ferro, pelo concreto e pelas vidraças – aos outros prédios de tijolos em que há um século já se ensinavam engenharia mecânica e história medieval. Mesma disposição no chão, mesmas salas e corredores: sempre o formato inspirado na página. Como se a revolução recente, no mínimo tão poderosa quanto a da imprensa e a da escrita, nada tivesse mudado com relação ao saber, à pedagogia e ao próprio espaço universitário, inventados no passado pelo livro e para o livro.

Não. As novas tecnologias nos obrigam a sair do formato espacial inspirado pelo livro e pela página. Como?

UMA HISTÓRIA BREVE

Primeiramente: as ferramentas usuais exteriorizaram nossas forças – duras. Saindo do corpo, os músculos e articulações aparelharam máquinas simples, alavancas e talhas que imitavam o seu funcionamento. Nossa temperatura alta, fonte de energia, emanada pelo organismo, abastece em seguida as máquinas motoras. As novas tecnologias, enfim, externaram mensagens e operações que circulam no sistema neuronal, informações e códigos – suaves. A cognição, em parte, aparelha essa nova ferramenta.

O que resta, então, acima dos pescoços cortados de São Denis de Paris e das crianças de hoje?

A Polegarzinha medita

Cogito: meu pensamento se distingue do saber, dos processos de conhecimento – memória, imaginação, razão dedutiva, sutileza e geometria... externados, por sinapses e neurônios, no computador. Melhor dizendo: penso e invento quando me distancio desse saber e desse conhecimento, quando me afasto. Converto-me nesse vazio, nessa brisa, nessa alma, cuja expressão traduz esse vento. Penso de forma ainda mais suave do que esse suave objetivado; invento quando consigo chegar nesse vazio. Não me reconheçam mais pela minha cabeça, por seu denso recheio ou por seu perfil cognitivo singular, mas sim por sua ausência imaterial, pela luz transparente que emana da decapitação. Por esse nada.

Se Montaigne tivesse de explicar as maneiras que uma cabeça tem de se constituir perfeitamente, ele desenharia um espaço delimitado a se preencher e a cabeça bem cheia estaria de volta. Essa cabeça vazia, desenhada hoje, cairia fora de novo no computador. Não, isso não significa cortá-la para substituir por outra. Não é preciso se angustiar com o vazio. Vamos, coragem... O saber e seus formatos, o conhecimento e seus métodos, detalhe infinito e sínteses admiráveis que meus antigos alunos juntam como couraças em notas de pé de página e em densas bibliografias de livros que eles me acusam de esquecer, sob o golpe de espada dos algozes de São Denis, cai na caixa eletrônica. Estranho, quase arisco, o ego se retira de tudo, inclusive disso, e foge para o vazio, em sua branca e cândida nulidade. A inteligência inventiva se mede pela distância com relação ao saber.

O tema do pensamento acaba de mudar. Os neurônios ativados pela incandescência branca do pescoço cortado são diferentes daqueles a que se remetiam a escrita e a leitura, na cabeça dos antepassados, e emitem seu chiado no computador.

Donde a autonomia nova dos entendimentos, a que correspondem movimentos corporais descontraídos e um tumulto de vozes.

Vozes

Até a manhã de hoje, inclusive, um professor, em sala de aula ou no auditório universitário, transmitia um saber que, em parte, já descansava nos livros. Ele verbalizava o escrito, uma página-matriz. Quando ele inventa, o que é raro, escreve em seguida uma página-compilação. Sua cátedra fazia com que se desse ouvidos a esse porta-voz.* Para essa fala, pedia-se silêncio. Mas ele não o consegue mais.

Formando-se bem cedo, na educação infantil, a onda do que se chama tagarelice vira tsunami durante o ensino fundamental e acaba alcançando o ensino superior, com as salas de aula submergindo, se enchendo pela primeira vez na história de um burburinho permanente que torna difícil ouvir o que quer que seja, ou que torna inaudível a antiga voz do livro. É um fenômeno tão generalizado que não se presta atenção nele. A Polegarzinha não lê nem quer ouvir o escrito recitado. O cachorrinho desenhado daquela antiga publicidade não dá mais ouvidos à voz do dono. Deixados em silêncio há três milênios, a Polegarzinha, suas irmãs e seus irmãos passaram a

---

* No caso, e sempre mais adiante no texto, "porta-voz" apenas no sentido de "megafone". (N.T.)

produzir em coro um barulho de fundo que abafa o porta-voz do escrito.

Por que ela tagarela tanto, em meio ao tumulto de colegas tagarelas? Porque todos têm o tal saber que se anuncia. Inteiro. À disposição. Na mão. Acessível pela internet, Wikipédia, celular, em inúmeros sites. Explicado, documentado, ilustrado, sem maior número de erros do que nas melhores enciclopédias. Ninguém mais precisa dos porta-vozes de antigamente, a não ser que um deles, original e raro, invente.

É o fim da era do saber.

A OFERTA E A DEMANDA

Esse novo caos, primitivo como toda balbúrdia, anuncia uma nova reviravolta, antes de tudo da pedagogia, mas também da política em todos os seus aspectos. Outrora e recentemente, ensinar era uma oferta. Exclusiva, semicondutora, ela jamais se preocupou em ouvir a opinião ou a voz da demanda. Dizia o porta-voz: este é o saber estocado nas páginas dos livros. Livros estes que ele mostrava, lia, recitava. Ouçam e depois leiam, se assim quiserem. Em todo caso, porém, silêncio!

Por duas vezes a oferta dizia: cale-se.

Isso acabou. Com a sua onda, a tagarelice rejeita essa oferta e anuncia, inventa, apresenta nova demanda, provavelmente de um novo saber. Reviravolta! Ouçamos também — nós, professores falantes — o rumor confuso e caótico dessa demanda tagarela, vinda dos alunos que, antigamente, ninguém consultava para saber se realmente demandavam tal oferta.

Por que a Polegarzinha se interessa cada vez menos pelo que diz o porta-voz? Porque, diante da crescente oferta de saber, num imenso fluxo, por todo lugar e constantemente disponível, a oferta pontual e singular se torna derrisória. A questão se colocava de forma cruel quando era preciso se deslocar para ouvir um saber raro e secreto. Agora acessível, esse saber sobeja, próximo, inclusive em objetos de pequenas dimensões, que a Polegarzinha carrega no bolso, junto ao lenço. A onda de acesso aos saberes sobe tão alto quanto a da tagarelice.

A oferta sem demanda morreu nessa manhã. A enorme oferta que vem atrás dela e toma seu lugar reflui diante da demanda. Isso é verdade com relação à escola e, posso dizer, também com relação à política. Será o fim da era dos especialistas?

CRIANÇAS TRANSIDAS

De orelhas e focinho atentos ao porta-voz, o cachorrinho, sentado e fascinado pelo som, não se mexe.

Bem-comportados como figurinhas, desde a mais tenra idade, começávamos uma longa carreira sentadinhos, imóveis, em silêncio e alinhados em filas. Nossa designação de então era a seguinte: crianças transidas. De bolsos vazios, obedecíamos, não somente submissos aos professores, mas sobretudo ao saber, a que os próprios professores humildemente se submetiam. Todos o considerávamos soberano e magistral. Ninguém se atreveria a escrever um tratado da obediência voluntária ao saber. Muitos se sentiriam inclusive aterrorizados, impedidos, com isso, de aprender. Não burros, mas apavorados. É preciso perceber esse paradoxo: para não compreender o saber e recusá-lo — ele que se pressupunha transmitido e compreendido –, era preciso que ele aterrorizasse.

Com letras maiúsculas, a filosofia inclusive falava de Saber Absoluto. Exigia inclinação submissa, como a dos ancestrais, curvados diante do poder absoluto dos reis por direito divino. Jamais existiu democracia do saber. Não que alguns, detendo saber, detivessem poder, mas sim porque o saber propriamente exigia corpos humilhados, inclusive dos que o detinham. O mais apagado dos corpos, o corpo letivo, dava aula fazendo sinais para aquele absoluto ausente, para aquela totalidade inacessível. Fascinados, os corpos nem se mexiam.

Já formatado pela página, o espaço das escolas, dos colégios, dos campus se reformatava seguindo essa hierarquia inscrita na atitude corporal. Silêncio e prostração. O foco de todos na direção do estrado em que o porta-voz exige silêncio e imobilidade reproduz, na pedagogia, o mesmo do tribunal com relação ao juiz, do teatro com relação ao palco, da corte real com relação ao trono, da igreja com relação ao altar, da habitação com relação ao lar... da multiplicidade com relação ao um. Bancos apertados, em fila, para os corpos imóveis dessas instituições-cavernas. Foi esse o tribunal que condenou São Denis. Será o fim da era dos atores?

A LIBERTAÇÃO DO CORPO

Novidade. A facilidade de acesso dá à Polegarzinha, como a todo mundo, bolsos cheios de saber, junto aos lenços. Os corpos podem sair da Caverna em que a atenção, o silêncio e o arqueamento das costas os prendiam às cadeiras como se fossem correntes. Forçados a voltar, não param mais nos seus lugares. Algazarra, como dizem.

Não. O espaço do auditório universitário se esboçava, antigamente, como um campo de forças, cujo centro orquestral de gravidade se encontrava no estrado, no ponto focal da cátedra, um Power Point ao pé da letra. Ali se situava a densidade pesada do saber, quase nula ao redor. Agora distribuído por todo lugar, o saber se espalha em um espaço homogêneo, descentrado, de movimentação livre. A sala de antigamente morreu, mesmo que ainda a vejamos tanto, mesmo que só saibamos construir outras iguais, mesmo que a sociedade do espetáculo ainda procure se impor.

Os corpos, então, se mobilizam, circulam, gesticulam, chamam, conversam, facilmente trocam entre si o que têm junto aos lenços. Ao silêncio se sucede a tagarelice e à balbúrdia, a imobilidade? Não, antigamente prisioneiros, os Polegarezinhos se livram das correntes da Caverna multimilenar que os prendiam, imóveis e silenciosos, no lugar, bico calado, rabo sentado.

Mobilidade: motorista e passageiro

O espaço centrado ou focado da sala de aula ou do auditório pode também se esboçar como o de um veículo: trem, automóvel, avião em que os passageiros, sentados em fileiras no vagão, no banco ou na fuselagem, se deixam dirigir por quem os pilota rumo ao saber. Olhem para o corpo do passageiro: esparramado de qualquer jeito, de barriga para cima e olhar vago e passivo. Ativo e atento, pelo contrário, o motorista arqueia as costas e estica os braços no volante.

Quando a Polegarzinha usa o computador ou o celular, ambos exigem o corpo de uma motorista na tensão da atividade, e não o de um passageiro na passividade do relaxamento: demanda e não oferta. Ela arqueia as costas e não fica de barriga para cima. Empurre essa pessoinha para uma sala de aula: habituado para dirigir, seu corpo não suporta por muito tempo a poltrona do passageiro passivo. A Polegarzinha, então, se ativa, mesmo sem aparelho para dirigir. Algazarra. Ponha em suas mãos um computador e ela recupera os gestos do corpo-piloto.

Temos agora apenas motoristas, apenas motricidade; não mais espectadores, o espaço do teatro se enche de atores, móveis; não mais juízes no tribunal, apenas oradores, ativos; não mais sacerdotes no santuário, o templo se enche de pregadores; não mais professores no quadro-negro, eles estão por toda a sala de aula... E, haveremos de dizer, não mais poderosos na arena política, que estará ocupada por quem recebia as decisões.

Fim da era dos que decidiam.

A TERCEIRA INSTRUÇÃO*

A Polegarzinha procura e encontra o saber na sua máquina. De acesso raríssimo, esse saber só se encontrava,

---

* Referência ao livro de 1991 de Michel Serres, *Le Tiers-Instruit*. [Na edição portuguesa, *O Terceiro Instruído*. Lisboa: Instituto Piaget, 1994.] (N.T.)

até recentemente, fragmentado, recortado, dividido. Página após página, classificações estudiosas distribuíam, para cada disciplina, sua parte, sua seção, seus locais, seus laboratórios, sua prateleira na biblioteca, seus créditos, seus porta-vozes e seu corporativismo.

O rio, por exemplo, desaparecia por baixo das bacias espalhadas da geografia, da geologia, da geofísica, da hidrodinâmica, da cristalografia, dos aluviões, da biologia dos peixes, da haliêutica, da climatologia, sem contar a agronomia das planícies por esse mesmo rio irrigadas, as cidades por ele alimentadas, as rivalidades entre ribeirinhos, sem passarelas, barcarolas e *Pont Mirabeau*...* Misturando, integrando, fusionando esses fragmentos, tornando esses membros soltos o corpo vivo da correnteza, o fácil acesso ao saber pode permitir que, finalmente e de modo pleno, se habite o rio.

Mas como fusionar as classificações, fundir as fronteiras, reunir as páginas já recortadas no formato, superpor os traçados da universidade, unificar as salas de aula, empilhar vinte departamentos, fazer com que seus especialistas de alto nível – cada qual achando ter a definição exclusiva da inteligência – se entendam? Como transformar o espaço do campus, que se molda pelo do acampamento militar do exército romano,

---

* Ou seja, sem poesia. (N.T.)

ambos compartimentados por vias retas e distribuídos como coortes ou jardins justapostos?

Respostas: ouvindo o barulho de fundo que vem da demanda, do mundo e das populações, seguindo os novos movimentos dos corpos, tentando explicitar o futuro que as novas tecnologias implicam. Como, de novo?

Desordem contra classificação

Nesse sentido, paradoxalmente, como desenhar movimentos brownianos? Podemos, pelo menos, facilitar a tarefa com a serendipidade de Boucicaut.

Como fundador da loja de departamentos *Bon Marché*, ele primeiro classificou os produtos a serem vendidos por prateleiras, em seções organizadas. Cada pacote bem tranquilo no seu lugar, classificado, ordenado como alunos nas fileiras ou como legionários romanos no acampamento. O termo "classe"* significa, originalmente, aquele exército em fileiras regulares. Como da primeira vez, sua grande loja, tão universal no sentido do Paraíso das damas** quanto a universidade

---

* No caso, subentende-se a "classe escolar", sala de aula. (N.T.)

** *Au bonheur des dames* (*Paraíso das damas*) é um romance de Émile Zola e também o nome da loja de departamentos ficcional, calcada na precursora loja *Au Bon Marché*, na Paris do Segundo Império. (N.T.)

no do prazer da aprendizagem, agrupava tudo o que a clientela podia sonhar: alimentação, roupas, cosméticos. O sucesso não demorou e Boucicaut ficou riquíssimo. O romance que Émile Zola escreveu baseado nesse inventor fala de seu desespero, nos dias em que as vendas, ainda que altas, permanecem constantes.

Certa manhã, tomado por súbita intuição, ele desarruma, então, aquela classificação racional, transformando os corredores da loja em um labirinto e as seções em um caos. Vindo comprar alho-poró para a sopa e sendo obrigada, pelo acaso programado de forma vigorosa, a atravessar a seção de sedas e rendas, a cliente, avó da Polegarzinha, acabou comprando frivolidades, além dos legumes... As vendas, então, voltaram a subir ainda mais.

A desordem tem razões que a própria razão desconhece. Prática e rápida, a ordem acaba, frequentemente, aprisionando. Favorece o movimento, mas, no fim, o congela. Indispensável para a ação, a *checklist* pode esterilizar a descoberta criativa. A desordem, pelo contrário, areja, como em um aparelho que apresenta folga. E essa folga possibilita a invenção, a mesma que apareceu entre o pescoço e a cabeça cortada fora.

Vamos seguir a Polegarzinha em suas folgas, ouvir a intuição "serendipitina" de Boucicaut, que todas as lojas de departamentos seguem desde então, reviremos a classificação das ciências, coloquemos, na universidade, a física ao lado da filosofia, a linguística com a matemática, a química com a ecologia. E vamos detalhar ainda mais, picando esses conteúdos de forma ainda mais miúda, para que determinado pesquisador encontre outro, diante da sala, vindo de uma especialidade diferente e falando outra língua. Estariam bem longe um do outro, sem se incomodar. Ao *castrum* racional do exército romano, esquartelado em perpendiculares e separado em coortes quadradas, sucederia, então, um mosaico com as diversas peças, em uma espécie de caleidoscópio, resultado da arte da marchetaria, um pot-pourri.

O Terceiro Instruído já imaginava uma universidade com seus espaços misturados, sarapintados, matizados, desarrumados, mesclados, constelados... real como uma paisagem! Era preciso, antigamente, ir longe para chegar até onde estava o outro, ou ficar em casa para não ouvi-lo, mas agora tropeçamos nele o tempo todo, sem que nem seja preciso se movimentar.

Aqueles cujas obras desafiam as classificações e semeiam em todas as direções fecundam a inventividade; já os métodos pseudorracionais nunca serviram para grandes coisas. Como redesenhar a página? Esquecendo a ordem das razões – ordem, é verdade, mas desarrazoada. É preciso mudar de razão. O único ato intelectual autêntico é a invenção. Vamos dar preferência, então, ao labirinto dos chips eletrônicos. "Viva Boucicaut e viva a minha avó!", exclama a Polegarzinha.

O CONCEITO ABSTRATO

E o que pensar dos conceitos, em geral tão dificilmente formulados? Diga-me o que foi feito da Beleza. A Polegarzinha responde: uma bela mulher, uma bela égua, uma bela aurora... Pode parar; estou pedindo um conceito e você cita mil exemplos, sempre moças bonitas e potrancas!

A ideia abstrata, com isso, volta a uma grandiosa economia de pensamento: a Beleza tem na mão 1.001 beldades, como o círculo do geômetra compreende miríades infinitas de aros. Nunca poderíamos ter escrito nem lido páginas e livros se tivéssemos que citar essas beldades e esses aros, em enorme número, sem fim. Mais ainda: não posso delimitar a página sem apelar para a ideia que veda as saídas dessa enumeração infinita. A abstração serve de rolha.

Ainda precisamos dela? Nossas máquinas correm tão rápidas que podem contar indefinidamente o particular e parar na originalidade. Se a imagem da luz servir ainda para ilustrar, por assim dizer, o conhecimento, nossos antepassados ficavam com a claridade, enquanto optamos pela velocidade. O motor de busca pode, eventualmente, substituir a abstração.

Como o tema, mais acima, o objeto da cognição acaba de mudar. Não temos obrigatória necessidade de conceito. Às vezes sim, pode ser, mas nem sempre. Podemos passar o tempo que for preciso com narrativas, exemplos e singularidades, com as próprias coisas. Prática e teórica, essa novidade devolve dignidade aos saberes da descrição e da individualização. Ao mesmo tempo, o saber oferece sua dignidade às modalidades do possível, do contingente, das singularidades. Uma vez mais, tal hierarquia desaba. Agora perito em caos, nem o matemático pode mais menosprezar as SVT* que, desde já, praticam uma mistura à la Boucicaut e têm de ensinar de maneira integrada, pois, se recortarmos a realidade viva de maneira analítica, ela morre. Uma vez mais, a ordem das razões – sem dúvida ainda útil, mas às vezes obsoleta – cede vez a uma nova razão, que acolhe o concreto singular, naturalmente labiríntico... acolhe a narrativa.

O arquiteto revira as divisões do campus.

Espaço de circulação, oralidade difusa, movimentos livres, fim das salas classificadas, distribuições dispa-

---

* *Sciences de la Vie et de la Terre* (Ciências da Vida e da Terra), disciplina escolar do curso médio, que, desde 2009, substituiu as "ciências naturais". (N.T.)

ratadas, serendipidade da invenção, velocidade da luz, novidade dos temas tanto quanto dos objetos, busca de outra razão...: a difusão do saber não pode mais ocorrer em campus nenhum do mundo, eles próprios ordenados, formatados página a página, racionais à maneira antiga, imitando os acampamentos do exército romano. É esse o espaço de pensamento em que habita, de corpo e alma, desde a manhã de hoje, a juventude da Polegarzinha.

São Denis pacifica a legião.

3. SOCIEDADE

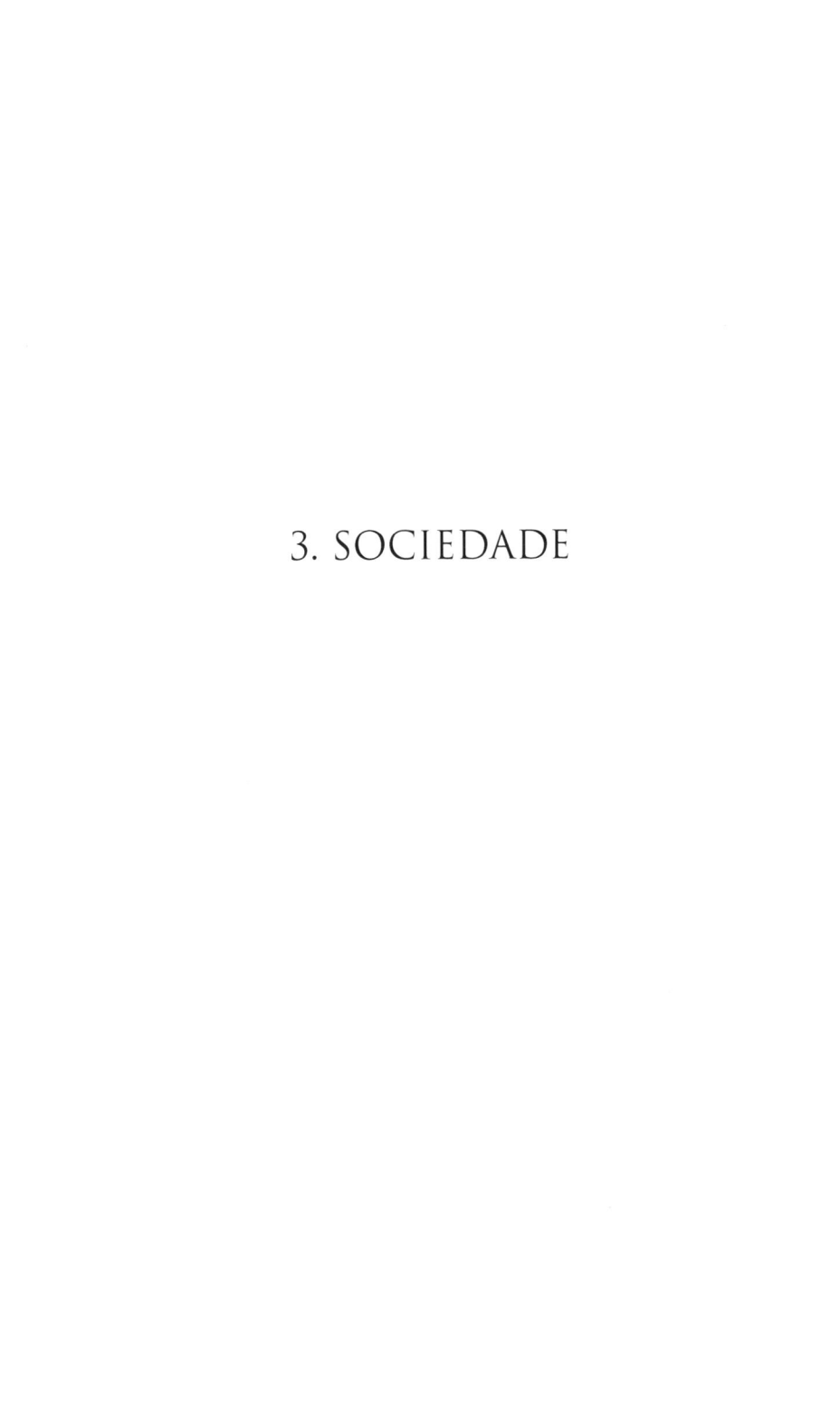

Elogio das notas recíprocas

A Polegarzinha vai dar nota a seus professores?* Essa discussão boba teve, recentemente, uma repercussão enorme na França. De longe, eu me espantava: há quarenta anos, os estudantes me dão nota em outras universidades e isso não me abala muito. Por quê? Porque, independente da lei, quem assiste às aulas sempre avalia o professor. Havia muita gente na sala e, hoje de manhã, só três ou quatro estudantes? É a sanção pelo número. Ou pela escuta: atenta ou tumultuosa. *Causa sui*, a eloquência tem sua fonte no silêncio dos ouvintes, silêncio este que nasce da eloquência.

---

* Na França e, mais ainda, na Alemanha, os alunos podem "dar notas" aos professores, as quais, eventualmente, o diretor de cada colégio ou liceu leva em consideração no momento em que "dá sua nota", em prática ainda recente, aos diferentes professores. Sendo público o ensino, tais notas valem para eventuais aumentos salariais, bônus e outras vantagens. (N.T.)

Na verdade, todo mundo sempre recebe nota: o namorado, da namorada calada; o fornecedor, pelas reclamações dos clientes; a mídia, pelo ibope; o médico, pela quantidade de pacientes; o eleito, pela sanção dos eleitores. Isso coloca simplesmente a questão da governança.

Estimulada pela queixa das mães e pela psicologia, a febre da aplicação de notas não se limita à escola e invadiu a sociedade civil, que adora publicar listas das melhores vendas, distribui Prêmios Nobel, óscares, taças de falso metal, classifica universidades, bancos, empresas e até Estados, antigamente soberanos. Virando a página, o leitor já está me avaliando.

Uma espécie de demônio de dupla face nos leva a julgar as diferentes coisas como boas ou más, benignas ou nocivas. A lucidez discrimina sobretudo o que morre do mundo antigo e o que emerge do novo. Nasce, no dia de hoje, uma reviravolta que favorece a circulação simétrica entre quem aplica notas e quem as recebe, entre os poderosos e os subordinados, uma reciprocidade. Todo mundo, de fato, parecia achar que tudo se passa de cima para baixo, da cátedra aos bancos, dos eleitos aos eleitores; que, lá em cima, a oferta se apresenta e, embaixo, a demanda engole tudo. Grandes lojas, grandes bibliotecas, grandes empresários, ministros, homens de Estado etc., pressupondo a incompetência dos pequenos, deitam sobre eles uma chuva benigna. É provável que, de fato, tenha havido esse tempo, mas ele termina a olhos vistos no trabalho, no hospital, na estrada, nos grupos, na praça pública, em todo lugar.

Livre dos semicondutores — quero dizer, daquelas relações assimétricas —, a nova circulação deixa que se ouçam as notas, quase musicais, de sua voz.

Elogio de H. Potter

Simples garoto de Birmingham, dizem que Humphrey Potter ligou, com o fio de um pião, o braço da máquina a vapor a válvulas que deviam ser acionadas com a mão. Escapando do trabalho aborrecido para ir brincar, ele inventou — abolindo a escravidão — uma espécie de feedback. Invenção falsa ou verdadeira, o conto, em todo caso, faz o elogio da precocidade de um gênio. Para mim, ele mostra a frequente competência, fina e bem-adaptada, do operário (mesmo menor) nos pontos em que quem decide, à distância, ordena a ação sem nada perguntar ao operário, visto como incompetente. H. Potter é um dos nomes de guerra da Polegarzinha.

A palavra usada exprime essa presunção de incompetência: trata-se, de fato, de dobrá-la à vontade para melhor explorá-la. Assim como o doente se reduz a um órgão a se tratar, o estudante, a um ouvido a se preencher ou a uma boca silenciosa a entupir, o operário se limita a uma máquina a ser dirigida, um pouco mais complicada do que aquela em que ele trabalha. Antigamente, no alto, bocas sem ouvidos; embaixo, orelhas sem voz.

Elogio do controle recíproco. Devolvendo feições completas às duas condições, as melhores empresas colocam o operário no centro da decisão prática. Em vez de organizar de maneira piramidal a logística, com enfoque nos fluxos e na regulação da complexidade – o que a multiplica por camadas de regulação –, elas deixam que a Polegarzinha controle, em tempo real, sua própria atividade – panes mais facilmente reconhecidas ou reparadas, soluções técnicas mais rapidamente encontradas, produtividade melhorada –, mas também que examine os mandatários, que podem ser o patrão, o médico, o político.

TÚMULO DO TRABALHO

A Polegarzinha procura trabalho. E, quando encontra, continua a procurar, de tanto que sabe poder, de um dia para outro, perder o que acaba de conseguir. Além disso, no trabalho, ela responde a quem fala com ela não de acordo com a pergunta feita, mas de maneira que não perca o emprego. Tornando-se corrente, essa mentira prejudica a todos.

A Polegarzinha se entedia no trabalho. Seu vizinho marceneiro antigamente recebia tábuas brutas da serração, situadas em meio à floresta. Depois de deixá-las por muito tempo secar, ele tirava desse tesouro, de acordo com as encomendas, bancos, mesas ou portas. Trinta anos depois, ele passou a receber de uma fábrica janelas já prontas, para instalar em grandes obras com vãos formatados. É um tédio. Para ela também. O interesse da obra se capitaliza nos escritórios de projetos, lá no alto. O capital não significa apenas a concentração de dinheiro, mas também água nas represas, mineral no subsolo, inteligência em um banco de engenharia, afastado de quem executa. O tédio geral vem dessa concentração, dessa captação, desse roubo do interesse.

A produtividade — que aumentou verticalmente desde 1970 —, acrescentada ao crescimento demográfico mundial — igualmente vertical —, torna cada vez mais raro o trabalho. Será que uma aristocracia em breve se beneficiará sozinha disso? Nascido com a revolução industrial e copiado do ofício divino dos monastérios, estará o trabalho, hoje em dia, pouco a pouco morrendo? A Polegarzinha já viu diminuir o número de colarinhos-azuis, e as novas tecnologias vão fazer diminuir o de colarinhos-brancos. O trabalho não acabará desaparecendo, também, por seus produtos, inundando o mercado, por frequentemente prejudicarem o meio ambiente,

— contaminado pela ação das máquinas, pela fabricação e transporte das mercadorias? Afinal, ele depende de fontes de energia cuja exploração destrói as reservas e polui.

A Polegarzinha sonha com uma obra cuja finalidade estaria na reparação desses prejuízos, sendo benéfica — não em termos de salário (senão teria dito "se beneficiando"), mas em termos também de felicidade — aos que a operam. E traça, resumindo, a lista das ações que não produzem essas duas poluições: do planeta e dos humanos. Desprezados como sonhadores, os utopistas franceses do século XIX organizavam as práticas seguindo direções contrárias àquelas que nos levaram a esse duplo impasse.

Havendo agora somente indivíduos e a sociedade se organizando apenas em torno do trabalho, fazendo tudo girar a seu redor, inclusive os encontros, inclusive as aventuras particulares que nada têm a ver com ele, a Polegarzinha, então, espera se completar no trabalho. No entanto, não o consegue; no entanto, se entedia. Procura também imaginar uma sociedade que não mais se estruture somente nele. Mas em que, então?

E quando, afinal, lhe pedem a opinião?

Elogio do hospital

Ela se lembra também de uma vez em que precisou se internar em um grande hospital. Entrando no quarto sem bater, seguido de fêmeas submissas, como macho dominante – o modelo animalesco se impunha –, o chefe brindou o séquito com palavras de alto nível, de costas para a Polegarzinha, que estava deitada e experimentou a presunção de incompetência. Como na faculdade, como no trabalho. Conforme se diz mais popularmente: sendo vista como imbecil.

Para se sustentar, falta ao imbecil – fraco, em língua latina – um bastão, esse *bacillus* de onde vêm os nossos bacilos. Já de pé, curada, a Polegarzinha anuncia uma notícia à maneira do enigma de Édipo: quanto mais o tempo avança, menos o hominídeo precisa dessa bengala. Mantém-se de pé sozinho.

Ouçam. Os hospitais públicos das cidades grandes dispõem de estacionamento para cadeiras e camas com rodas: nas emergências; antes e depois da ressonância magnética e de outras tomografias; antes da sala de operação, para a anestesia, ou depois, para a reanimação... Pode-se esperar de 1 a 10 horas. Estudiosos, ricos e poderosos do mundo, não evitem esses lugares em que se ouvem o sofrimento, a piedade, a raiva, a aflição, gritos e choro, às vezes orações, exasperação, súplica de quem chama a quem não chama ou lastima quem não responde, silêncio tenso de uns, pavor de outros, resignação da maioria, gratidão também... Quem nunca precisou misturar sua voz a esse concerto dissonante, provavelmente, sabe que sofre, mas vai sempre ignorar o que significa o "sofremos", vai ignorar o tatibitate coletivo que vem da antecâmara da morte e da inquietação, purgatório intermediário em que todos temem e aguardam uma decisão do destino. Se você for alguém que se pergunta: o que é o homem?, você dará, ouvirá e descobrirá ali a resposta para isso, naquele murmurinho. Antes dessa escuta, até um filósofo é leviano.

É a esse barulho de fundo – a voz humana – que o nosso falatório e tagarelice encobrem.

Elogio das vozes humanas

Esse caos não rumoreja apenas nas escolas e nos hospitais, não vem apenas dos Polegarezinhos em sala de aula e dos soluços em espera paciente. Os próprios professores tagarelam quando o diretor fala com eles. Os internos conversam enquanto o médico-chefe perora. Os soldados falam enquanto o general comanda. Na praça do mercado, os cidadãos fazem balbúrdia enquanto o prefeito, o deputado ou o ministro despeja seu falatório vazio. Cite, diz a Polegarzinha com ironia, uma única reunião de adultos em que não se ouça o mesmo vozerio descuidado.

Saturada de musiquinhas de fundo, a balbúrdia da mídia e a agitação comercial ensurdecem e anestesiam aquelas vozes reais, com som deplorável e drogas calculadas, além dos blogs e das redes sociais cujo número, múltiplo, chega a totais comparáveis à população do planeta. Pela primeira vez na história, as vozes de todos podem ser ouvidas. A palavra humana balburdia no espaço e no tempo. À calma dos vilarejos silenciosos, onde soavam, não frequentemente, a sirene e o sino, o direito e a religião, filho e filha da escrita, bruscamente sucede a expansão das redes. Fenômeno generalizado demais para que chame a atenção, esse novo barulho de fundo, confusão de clamores e de vozes particulares, públicas, permanentes, reais ou virtuais, caos encoberto pelos motores e sintonizadores da sociedade do espetáculo irredutivelmente envelhecida, reproduz em grande escala o pequeno tsunami das salas de aula e dos auditórios universitários. Não, na verdade, este último é que é o modelo reduzido daquele.

Esses falatórios polegares, essa balbúrdia de gente, eles anunciam uma época em que serão misturados um segundo período oral aos tais escritos virtuais? Essa novidade fará submergir a idade da página que nos formatou? Há muito tempo ouço esse novo período oral que o virtual emana.

É uma demanda geral de palavra, análoga à demanda singular que os Polegarezinhos exprimem nas escolas e universidades e igual àquela da espera dos doentes nos hospitais e dos empregados no trabalho. Todo mundo quer falar, todo mundo comunica com todo mundo, por redes inumeráveis. Esse tecido de vozes se combina com o da internet; os dois soam em fase. À nova democracia do saber, já presente nos locais em que se esgota a velha pedagogia e se busca a nova, com tanta sinceridade quanta dificuldade, corresponde, pela política geral, uma democracia em formação que, amanhã, haverá de se impor. Concentrada na mídia, a oferta política morre e, mesmo que não saiba nem possa ainda se exprimir, a demanda política, enorme, se ergue e pressiona. A voz marcava seu voto em uma cédula escrita, estreita e recortada, local e secreta; com sua extensão ruidosa, ela ocupa hoje a totalidade do espaço. A voz vota em permanência.

Elogio das redes

Nesse ponto preciso, a Polegarzinha reclama dos pais: criticam meu egoísmo, mas quem mostrou o caminho? Criticam meu individualismo, mas quem o ensinou? E vocês mesmos, souberam estar juntos? Incapazes de viver como casal, divorciam se. Sabem criar um partido político e fazer com que dure? Vejam a maneira como eles se desmantelam... Constituir um grupo ministerial que permaneça bastante tempo solidário? Participar de um esporte coletivo em que, para haver espetáculo, contratam seus personagens em países distantes, nos quais as pessoas ainda sabem agir e viver em grupo? As velhas filiações agonizam: irmãos em armas, paróquias, pátrias, sindicatos, famílias recompostas. Sobram apenas os grupos de pressão, obstáculos vergonhosos para a democracia.

Debocham das nossas redes sociais e do novo uso que fazemos da palavra "amigo". Alguma vez conseguiram juntar grupos tão consideráveis, em quantidade que se avizinha ao número total de seres humanos? Não acham prudente se aproximar dos outros de maneira virtual para, já de início, machucá-los menos? Provavelmente temem que, a partir dessas tentativas, surjam novas formas políticas que afastem as anteriores, obsoletas.

Obsoletas, sem dúvida, e tão virtuais quanto as minhas, insiste a Polegarzinha, se animando bruscamente: exército, nação, igreja, povo, classe, proletariado, família, mercado... são abstrações, pairando acima das cabeças como fetiches descartáveis. Encarnadas, é o que dizem? Pode ser, ela responde, exceto que essa carne humana, em vez de viver, teve que sofrer e morrer.

Sanguinárias, aquelas filiações exigiam que cada qual sacrificasse a vida: mártires supliciados, mulheres lapidadas, heréticos queimados vivos, "feiticeiras" imoladas em fogueiras, isto no que se refere às religiões e ao direito. Soldados desconhecidos enfileirados aos milhares nos cemitérios militares, aonde vão às vezes se debruçar, contritas, algumas autoridades, e longas listas de nomes nos monumentos aos mortos – em 1914-1918 vinham quase todos do campesinato –, isto no que se refere à Pátria. Campos de extermínio e *gulags*, no que se refere à louca teoria das "raças" e da luta de classes. Já a família, esta abriga a metade dos crimes, com uma mulher morrendo diariamente por causa das brutalidades do marido ou do amante. No que se refere ao mercado: mais de um terço dos seres humanos passa fome – um Polegarzinho morre a cada minuto – enquanto outros fazem dieta. Inclusive o assistencialismo só cresce, nessa sociedade do espetáculo de vocês, com o número de cadáveres exibidos; suas narrativas, com os crimes relatados, uma vez que, para vocês, uma notícia boa não constitui boa notícia. Há cem anos, contamos esses mortos de todo tipo por centenas de milhões.

A essas filiações, designadas por virtualidades abstratas, das quais os livros de história festejam a glória sangrenta, a esses falsos deuses devoradores de vítimas infinitas, prefiro nosso virtual imanente que, como a

Europa, não pede a morte de ninguém. Não queremos mais coagular com sangue nossas assembleias. O virtual, pelo menos, evita esse tipo de carnificina. Não mais construir o coletivo a partir do massacre de alguém e do nosso próprio; esse é o nosso futuro, frente à história de vocês e às suas políticas de morte.

É como falava a Polegarzinha, de maneira enérgica.

Elogio das estações e dos aeroportos

Ouçam também, diz ela, como soam as multidões suaves que passam. De acordo com a caça, os frutos e as variações do clima, *homo sapiens* nunca parou de se mudar de um lado para o outro, tornando-se *homo viator* há muito, e isso até bem recentemente, quando o planeta deixou de oferecer terras desconhecidas. Desde o desenvolvimento de dez tipos diferentes de motor, as viagens se multiplicaram a ponto de transformar a percepção do ambiente em que se vive. Um país como a França rapidamente se tornou uma só cidade que o trem de alta velocidade atravessa, como o metrô e como as autoestradas que cruzam ruas. Desde 2006, as companhias aéreas passaram a transportar 1/3 da humanidade. Passa tal massa de gente por aeroportos e estações que mais parecem hotéis provisórios.

Calculando o tempo de suas viagens a partir de casa, será que a Polegarzinha sabe em qual cidade ela mora e trabalha, à qual comunidade pertence? Vive em um subúrbio da capital, a uma distância equivalente, do centro e do aeroporto, em tempo gasto, a um décimo do que gastaria para ir além das fronteiras. Reside, então, em uma conurbação que se estende para fora de sua cidade e de sua nação. Pergunta: onde ela mora? Reduzido e expandido, ao mesmo tempo, esse lugar coloca uma questão política, pois a palavra política se refere à cidade. De qual lugar ela pode se dizer cidadã? Outra filiação flutuante! Quem – e vindo de onde? – a representará, uma vez estão colocadas essas questões quanto ao local de moradia?

Onde? Na escola, no hospital, com pessoas de toda proveniência; no trabalho, na estrada com estranhos; em reunião com tradutores; passando na rua em que mora, onde se ouvem várias línguas, ela o tempo todo esbarra com diversas mestiçagens humanas que maravilhosamente reproduzem as misturas de culturas e de saberes encontradas no decorrer de sua formação. Pois as reviravoltas descritas têm a ver também com a densidade demográfica dos países do mundo, em que o Ocidente se retrai diante da enxurrada vinda da África e da Ásia. As misturas humanas correm como rios aos quais se dão nomes próprios, mas cujas águas misturam essas dezenas de dependentes. A Polegarzinha habita uma malha mesclada, pavimenta seu espaço com uma marchetaria disparatada. Sua vista se maravilha com esse caleidoscópio, seus ouvidos repercutem o caos confuso de vozes e sentidos que anunciam outras reviravoltas.

Reviravolta da presunção de incompetência

Utilizando a velha presunção de incompetência, grandes máquinas públicas ou privadas, a burocracia, a mídia, a publicidade, a tecnocracia, as empresas, a política, as universidades, as estruturas administrativas, às vezes até a ciência... impõem seu poderio gigantesco, se dirigindo a supostos imbecis, denominados grande público e desprezados pelos meios de comunicação de massa. Na companhia de semelhantes que eles supõem competentes, mas nem tão seguros, Polegarezinhos, anônimos, anunciam, com sua voz difusa, que aqueles dinossauros, que crescem quando em vias de extinção, ignoram a emergência de novas competências. E as apresentam.

Se tiver consultado anteriormente um bom site na internet, a Polegarzinha, nome código para: a estudante, o paciente, o operário, a funcionária, o administrado, o viajante, a eleitora, o sênior ou o adolescente, o que digo?, da criança, do consumidor, resumindo, do anônimo da praça pública, aquele que era chamado de cidadã ou cidadão, pode saber tanto ou mais sobre o assunto tratado, sobre a decisão a se tomar, sobre a informação anunciada, sobre o cuidado consigo mesmo... que um professor, um diretor, um jornalista, um responsável, um chefão, um eleito ou até um presidente, todos conduzidos ao pináculo do espetáculo e preocupados com a glória. Quantos oncologistas não confessam ter aprendido mais em blogs de mulheres com câncer de mama do que nos anos de faculdade? Especialistas em história natural não podem mais ignorar o que dizem on-line fazendeiros australianos sobre os hábitos dos escorpiões; nem os guias de áreas protegidas dos Montes Pireneus, sobre o que se diz da migração das camurças. O compartilhamento simetriza o ensino, os cuidados, o trabalho; a escuta acompanha o discurso; o reviramento do velho iceberg facilita a circulação nas duas vias do entendimento. O coletivo, cuja característica virtual se escondia, arisco, sob a morte monumental, cede vez ao *conectivo*, realmente virtual.

No final da faculdade, aos 20 e poucos anos, me tornei epistemólogo, palavra pomposa para dizer que estudava os métodos e os resultados da ciência, tentando, às vezes, julgá-los. Àquela época, éramos poucos no mundo inteiro e nos correspondíamos. Meio século depois, qualquer Polegarzinho da rua decide sobre energia nuclear, sobre barrigas de aluguel, sobre transgênico, sobre química, sobre ecologia. Hoje, que não me filio mais àquela disciplina, todo mundo se torna epistemólogo. Há *presunção de competência*. Não riam, diz a Polegarzinha: quando a chamada democracia deu direito de voto a todo mundo, precisou fazer isso contra quem gritava ser um escândalo tal direito ser dado de maneira equivalente aos ajuizados e aos doidos, aos ignorantes e aos instruídos. É o mesmo argumento que retorna.

As grandes instituições que acabo de citar, cujo volume ocupa ainda todo o palco até a cortina do que ainda chamamos nossa sociedade, mesmo se reduzindo a algo que diariamente perde um pouco de densidade plausível, sem nem sequer se dar ao trabalho de renovar o espetáculo e esmagando de mediocridade a população esperta, essas grandes instituições, gosto de repetir, se parecem com as estrelas de que recebemos luz, mas que a astrofísica calcula terem morrido há muito tempo. Provavelmente, pela primeira vez na história, o público, os indivíduos, as pessoas, o passante antigamente chamado vulgar, resumindo, a Polegarzinha, podem ter à disposição, no mínimo, tanta sabedoria, ciência, informação, capacidade de decisão quanto os dinossauros em questão, de cuja voracidade por energia e cobiça por produção ainda servimos como escravos submissos.

Assim como a maionese se condensa sem desandar, essas mônadas solitárias se organizam lentamente, uma de cada vez, para formar um novo corpo, sem relação alguma com aquelas instituições solenes e perdidas. Quando essa lenta constituição, de repente, se revirar, igual ao iceberg de ainda há pouco, ainda vão dizer que não viram o acontecimento se anunciar.

O citado reviramento acontece também no que se refere aos sexos, pois as últimas décadas assistiram à vitória das mulheres, mais esforçadas e sérias na escola, no hospital, na empresa... do que os machos dominantes, arrogantes e fracotes. Por isso o título desse livro: *Polegarzinha*. Isso acontece também no que se refere às culturas, pois a internet favorece a multiplicidade das expressões e, em breve, a tradução automática para nós que mal saímos da era em que a dominação gigantesca de uma só língua havia unificado na mediocridade dizeres e pensamentos, esterilizando a inovação. Em suma, o reviramento acontece no que se refere a todas as concentrações, inclusive produtoras e industriais, e mesmo linguageiras e culturais, para favorecer distribuições amplas, múltiplas e singulares.

Temos, então, a aplicação de notas generalizada, temos o voto generalizado para uma democracia generalizada. Reúnem-se as condições para uma primavera ocidental... só que os poderes que se opõem não usam mais, no caso, a força, mas sim a droga. Exemplo tirado do cotidiano: as coisas perdem seus nomes comuns, passando a ser chamadas pelos nomes próprios das marcas. O mesmo acontece com toda informação, inclusive política, encenada em palcos iluminados em que parecem combater sombras sem relação alguma com a realidade. A sociedade do espetáculo transforma, então, a luta – dura; antigamente e em outros lugares, com barricadas e cadáveres – em desintoxicação heroica que nos purgaria dos soníferos oferecidos pelos muitos distribuidores de imbecilidade...

Elogio da marchetaria

... aqueles que, para conservar o antigo estado de coisas, utilizam o argumento da simplicidade: como administrar, pela desordem, a complexidade que se anuncia pela balbúrdia de vozes, disparatada e heterogênea? Eis como. Preso em uma rede de pesca, um dourado tenta se soltar, mas se prende cada vez mais à medida que se agita; vibrantes, as moscas se aprisionam nas teias de aranha; os escaladores de montanha que se cruzam em um paredão, diante do perigo, confundem ainda mais as suas cordas quando tentam soltá-las. Os administradores às vezes redigem diretivas para reduzir a complexidade administrativa e, como os alpinistas, a multiplicam. Será que ela já se reduziu a tal ponto que qualquer tentativa de simplificação complica?

Como analisá-la? Pelo crescimento do número de elementos, por sua diferenciação individual, pela multiplicação das relações entre eles e pelas interseções entre essas possibilidades. A teoria dos grafos e a informática tratam dessas figuras em rede cruzada que a topologia denomina simplexo. Na história das ciências, essa complexidade aparece como sinal de que não se utilizou um bom método e de que é preciso mudar o paradigma.

Multiplicidades conexas dessa ordem caracterizam nossas sociedades em que o individualismo, as exigências das pessoas ou dos grupos e a mobilidade das paisagens se cruzam. Todo mundo, hoje, cruza seus próprios simplexos e se move por outros. Ainda há pouco, a Polegarzinha se movia por um espaço misturado, matizado..., em um labirinto, diante de um mosaico de cores do caleidoscópio. Como a liberdade se refere a todos e exige que cada um a aproveite de mãos livres e com certo espaço vital, não se vê por que simplificar essa exigência da democracia. As sociedades simples nos remetem, de fato, à hierarquia animal, sob a lei do mais forte: uma organização piramidal.

Que a complexidade prolifere, tudo bem! Mas ela tem um custo: multiplicação das filas e longas esperas, peso administrativo, ruas cheias, dificuldade de interpretar leis sofisticadas cuja densidade, convenhamos, diminui a liberdade. Paga-se sempre na mesma moeda em que se ganha.

Esse custo passa, além disso, por uma das fontes do poder. E, por isso, os cidadãos desconfiam dos seus representantes não quererem reduzir a referida complicação, acumulando as diretivas para darem a impressão de querer reduzi-la, mas multiplicando-a, como o dourado na rede.

Elogio do terceiro suporte

Repito, porém, que a história das ciências conhece o que se segue a esse tipo de desenvolvimento. Quando o antigo modelo de Ptolomeu acumulou dezenas de epiciclos que tornavam ilegível e complicada a movimentação dos astros, foi preciso mudar de figura: deslocou-se o sol para o centro do sistema e tudo ficou mais nítido. Sem dúvida, o código escrito de Hamurabi acabou com as dificuldades sociojurídicas que vinham do direito oral. Nossas complexidades vêm de uma crise da escrita. As leis se multiplicam, inflam o *Diário Oficial*. A página está em fim de linha. É preciso mudar. A informática permite essa mudança. As pessoas esperam e se irritam nas filas diante dos guichês; nos engarrafamentos intermináveis, a gente pode acabar matando o próprio pai em um cruzamento, sem saber, por uma discussão sobre quem tinha a prioridade. No entanto, a velocidade da tecnologia evita a lentidão do transporte real e a transparência do virtual anula os choques nas interseções, ou seja, as violências que elas implicam.

Que a complexidade não desapareça! Ela cresce e continuará crescendo, pois todos se aproveitam do conforto e da liberdade que vem embutida; ela caracteriza a democracia. Para reduzir os custos, basta querer. Uns poucos engenheiros podem resolver o problema, passando ao paradigma informático, cuja capacidade conserva e até mesmo deixa crescer o simplexo, embora percorrendo-o rápido, suprima, repito, filas e engarrafamentos, apagando os choques. O ajuste de um programa idôneo para um passaporte virtual e válido, com todos os dados pessoais publicáveis, requer apenas uns meses, não mais do que isso. Será preciso, um dia, colocar em um novo e único suporte o conjunto desses dados. Por enquanto, ele se divide em muitos cartões, cuja propriedade o indivíduo divide com diversas instituições, privadas ou públicas. A Polegarzinha – indivíduo, cliente, cidadão – deixará, indefinidamente, que o Estado, os bancos, as grandes lojas... se apropriem de seus próprios dados? Ainda mais tendo em vista que isso, hoje em dia, se tornou uma fonte de riqueza. Trata-se de um problema político, moral e jurídico, cujas soluções transformam nossas perspectivas históricas e culturais. É possível que daí resulte um reagrupamento das distribuições sociopolíticas e o advento de um quinto poder, o poder dos dados, independente dos outros quatro, que são o legislativo, o executivo, o judiciário e o midiático.

Que nome a Polegarzinha vai imprimir em seu passaporte?

Elogio do nome de guerra

O nome de minha heroína não indica "alguém de sua geração", "um adolescente de hoje", que são expressões de menosprezo. Não. Não se trata de tirar um elemento *x* de um conjunto A, como se diz em teoria. Única, a Polegarzinha existe como indivíduo, como pessoa e não como abstração. Isso merece explicação.

Quem se lembra da antiga divisão do ensino superior, na França e em outros países, entre quatro faculdades: letras, ciências, direito e medicina/farmácia? letras celebrava o *ego*, o eu pessoal, o humano de Montaigne, assim como o *nós* dos historiadores, dos linguistas e dos sociólogos. Descrevendo, explicando, calculando o *isso*, as faculdades de ciências enunciavam leis gerais ou mesmo universais: Newton para a equação dos astros, Lavoisier para o batismo dos corpos. Deixando ambas de lado, a medicina e o direito tinham juntos acesso, talvez sem compreender, a uma maneira de conhecer que ciências e letras ignoravam. Unindo o geral e o particular, nasceu, naquelas faculdades jurídicas e médicas, um terceiro sujeito... um dos antepassados da Polegarzinha.

Primeiro, seu corpo. Até pouco tempo atrás, uma gravura de anatomia indicava um esquema: da bacia, da aorta, da uretra..., desenho abstrato, quase geométrico, geral. Agora, reproduz-se a ressonância magnética da bacia de determinado velho de 80 anos, a aorta de uma adolescente de 16 anos... Apesar de individuais, essas imagens têm alcance genérico e qualitativo. Casuístas, estudando algum caso, os jurisconsultos romanos, da mesma maneira, tinham o costume de designar o sujeito citado em uma causa tratada pelo nome de Gaius, ou Cassius: *nomes código, nomes de guerra ou literário, pseudônimos, únicos* em duas pessoas: *individuais* e *genéricos*. Esses nomes se bancam, de maneira geral e particular. Duplos, se assim preferirmos, valem por um e pelo outro.

Entendam por Polegarzinha um nome código para *determinado* estudante, paciente, operário, camponês, eleitor, transeunte, cidadão... *anônimo, com certeza, mas individualizado*. Nem tanto um eleitor contando como um nas pesquisas, nem tanto um telespectador contando como um no Ibope, nem tanto uma quantidade, mas sim uma qualidade, uma existência. Como o soldado desconhecido de antigamente, cujo corpo realmente jaz ali e que a análise de DNA individualiza, esse anônimo é o herói do nosso tempo.

O Polegarzinho codifica esse anonimato.

ALGORÍTMICO, PROCEDURAL

Observem, agora, a Polegarzinha usando o telefone celular e controlando, com os polegares, teclas, jogos ou motores de busca: ela utiliza sem hesitação um campo cognitivo que uma parte da cultura anterior, das ciências e das letras, por muito tempo deixou adormecido e que se pode denominar "procedural". Esse manuseio, esses gestos só nos serviam, antigamente, no ensino fundamental, para colocar de maneira correta as operações simples da aritmética e, eventualmente, organizar artifícios retóricos ou gramaticais. Em vias de concorrer com o abstrato da geometria, tanto quanto com o descritivo das ciências não matemáticas, esses procedimentos invadem, hoje, o saber e as técnicas. Formam o pensamento *algorítmico*. Este começa a compreender a ordem das coisas e a servir às nossas práticas. Antigamente fazia parte, mesmo que às cegas, do exercício jurídico e da arte médica. Ambos eram ensinados em faculdades separadas das de ciências e de letras porque, justamente, utilizavam fórmulas, sequências de gestos, séries de formalidades, de maneiras de proceder; isso mesmo, procedimentos.

Agora, a aterrissagem de aeronaves em pistas muito frequentadas; as ligações aéreas, ferroviárias, rodoviárias, marítimas, em determinado continente; uma longa intervenção cirúrgica do rim ou do coração; a fusão de duas sociedades industriais; a solução de um problema abstrato dentre os que pedem uma demonstração desenvolvida em centenas de páginas; o design de um chip, a programação; a utilização do GPS... exigem do geômetra maneiras diferentes de dedução ou de indução experimental. O objetivo, o coletivo, o tecnológico, o organizacional... se submetem, hoje em dia, mais a esse *cognitivo algorítmico ou procedural* do que às abstrações *declarativas* que, alimentadas pelas ciências e pelas letras, a filosofia há mais de dois milênios consagra. Simplesmente analítica, a filosofia não vê esse cognitivo se instaurar e falha no que se refere ao pensamento, não só por seus meios, mas por seus objetos ou até por seu tema. Falha com relação ao nosso tempo.

Emergência

Essa novidade não é nova. O pensamento algorítmico, anterior à invenção, na Grécia, da geometria, reemergiu na Europa com Pascal e Leibniz, que inventaram duas máquinas de calcular e, como a Polegarzinha, usaram pseudônimos. Formidável, mas discreta, tal revolução passou despercebida pelos filósofos, alimentados à base de ciências e letras. Entre a formalidade geométrica – as ciências – e a realidade pessoal – as letras –, acontecia, desde aquela época, uma nova cognição dos homens e das coisas, já prevista no exercício da medicina e do direito, ambos preocupados em reunir jurisdição e jurisprudência, doente e doença, universal e particular. Emergia ali a nossa novidade.

Mil métodos eficazes utilizam agora, é verdade, procedimentos ou algoritmos. Herdeira direta do Crescente fértil, anterior à Grécia, de Al Kwarismi, sábio persa que escrevia em árabe, de Leibniz e de Pascal, essa cultura, atualmente, invade o campo da abstração e do concreto. letras e ciências perdem a velha batalha que eu antes tinha dito ter começado em *Menon*, diálogo de Platão em que o geômetra Sócrates menospreza um reles escravo que, em vez de demonstrar, usa procedimentos. É esse serviçal anônimo que chamo hoje Polegarzinho: ele derrota Sócrates! Reviravolta mais do que milenar na presunção de competência!

A nova vitória daqueles velhos procedimentos acontece porque o algorítmico e o procedural se apoiam em códigos... Voltamos aos nomes.

Elogio do código

Aqui temos, justamente, um termo (*codex*) que sempre foi comum ao direito e à jurisprudência, à medicina e à farmácia. Hoje, no entanto, a bioquímica, a teoria da informação, as novas tecnologias se apoderam dele e, com isso, o generalizam para o saber e para a ação, em geral. Outrora e recentemente, o leigo não entendia absolutamente nada dos códigos jurídicos nem dos medicamentosos; aberta e fechada, suas escritas, entretanto expostas, eram legíveis apenas aos especialistas. Um código era como uma moeda de duas faces, cara e coroa, contraditórias: acessível e secreto. De pouco tempo para cá, vivemos na civilização do acesso. O correspondente linguístico e cognitivo dessa cultura é o código, que a abre ou não. Mas como, justamente, o código institui um conjunto de correspondências entre dois sistemas a serem traduzidos um no outro, ele possui as duas faces de que precisamos para a livre circulação dos fluxos, cuja novidade acabo de descrever. Basta codificar para guardar o anonimato, dando livre acesso.

O código, então, é o ser vivo singular. O código é como o homem. Quem sou eu, então, único, indivíduo e também genérico? *Um algarismo indefinido, decifrável, indecifrável,* aberto e fechado, social e pudico, acessível-inacessível, público e privado, íntimo e secreto, às vezes desconhecido de mim mesmo e, ao mesmo tempo, exibido. Existo, logo sou um código, calculável, incalculável como a agulha de ouro no palheiro onde, escondida, ela dissimula seu brilho. Meu DNA, por exemplo, simultaneamente aberto e fechado, cujo código carnalmente me construiu, íntimo e público como as *Confissões* de Santo Agostinho: quantos caracteres? *A Joconda,* quantos *pixels?* O *Réquiem* de Fauré, quantos bits?

Medicina e direito há muito tempo já alimentavam essa ideia do homem como código. O saber e as práticas hoje a confirmam, com métodos que utilizam *procedimentos* e *algoritmos.* O código faz com que nasça um novo *ego.* Pessoal, íntimo, secreto? Sim. Genérico, público, publicável? Sim. Melhor ainda, as duas coisas: duplo, como já disse do pseudônimo.

Elogio do passaporte

Os egípcios antigos, pelo que se diz, distinguiam o corpo humano da alma, como nós, mas acrescentavam a essa dualidade um duplo, Ka. É verdade que sabemos reproduzir o corpo, por fora, pela ciência, por telas, por fórmulas; e descrever a alma íntima, como Rousseau em *Confissões* (quantos caracteres)? Será que posso, da mesma maneira, reproduzir meu duplo, acessível e publicável, assim como indefinido e secreto? Basta codificá-lo. Generalizando todos os dados possíveis, íntimos, pessoais e sociais, como no cartão do plano de saúde,* por exemplo, inventemos um Ka, um passaporte universal codificado: aberto e fechado, duplamente público e secreto sem contradição. O que pode ser menos estranho? Apesar de tentar pensar por conta própria, falo em uma língua comum.

Esse *ego* pode, de corpo e alma, suavemente se confessar, mas igualmente ser guardado, em plástico duro, no bolso. Sujeito, sim; objeto, sim; duplo, então, uma vez mais. Duplo como um paciente, singularmente doente, mas aberto ao olhar médico como uma paisagem. Duplo, competente, incompetente... duplo como um cidadão, público e privado...

---

* No original, *carte Vitale*, cartão francês do seguro de saúde, que é público. (N.T.)

Imagem da sociedade de hoje

Em tempos inesquecíveis, alguns heróis quiseram juntos construir uma torre alta. Vindos de terras díspares, falando idiomas intraduzíveis, não conseguiram. Sem compreensão, não há equipe possível e, sem coletividade, não há edifício. A Torre de Babel mal saiu do chão. Milhares de anos se passaram.

Assim que, em Israel, na Babilônia ou para os lados da Alexandria, profetas ou escribas puderam escrever, equipes se tornaram possíveis e a pirâmide se ergueu, assim como o templo e o zigurate. Foram concluídos. Milhares de anos se passaram.

Uma bela manhã, em Paris, uma movimentação humana chamada Exposição Universal gerou uma tentativa parecida. Em uma página, uma cabeça especializada desenhou um projeto e, tendo escolhido os materiais, calculou a resistência e entrelaçou vigas de aço a até 300 metros de altura. Desde então, a Torre Eiffel domina a margem esquerda do Sena.

Das pirâmides do Egito até ela, as primeiras em pedra e a última em ferro, a configuração global se manteve estável. Estável em seu estado, estável como o Estado – as duas palavras são uma só. O equilíbrio estático se junta ao modelo do poder, invariável através de dez variações aparentes: religiosas, militares, econômicas, financeiras, especializadas..., poder sempre mantido por alguns, no alto, estreitamente unidos pelo dinheiro, pelas forças armadas ou por outros aparelhos próprios para o domínio de uma base ampla e baixa. Entre o monstro de rocha e o dinossauro de ferro, nenhuma mudança notável, a mesma forma se mostrando mais arejada, transparente e elegante em Paris, compacta e atarracada no deserto. Em todo caso, pontiaguda no alto e larga na base.

A decisão democrática nada altera nesse esquema. Sentados em círculo no chão, estamos todos em pé de igualdade, diziam os gregos antigos. Capciosa, essa mentira finge não ver, na parte de baixo da pirâmide ou da Torre, o núcleo da assembleia, marcando no chão a projeção do topo piramidal, o local em que aterrissa o cimo sublime. Centralismo democrático, como dizia o partido comunista de antigamente, retomando essa velha ilusão cênica, tendo, no centro, ali perto, Stalin e fanáticos que deportavam, torturavam, matavam. À falta de real mudança, preferimos – nós da periferia – um poder distante, bem no alto do eixo, em vez desse vizinho assustador. Os antepassados franceses fizeram a Revolução nem tanto contra o rei, que era até popular, mas para suprimir o barão cruel das proximidades.

Quéops, Eiffel: o mesmo Estado.

Michel Authier, genial criador, e eu, como assistente, projetamos acender um feixe ou uma árvore de luz em frente à Torre Eiffel, na margem direita do Sena. Em computadores, dispersos por outros lugares ou aqui, cada um vai poder introduzir seu passaporte, seu Ka, imagem anônima e individualizada, sua identidade codificada, de forma que um raio laser brote colorido do chão, reproduzindo a soma inumerável desses cartões, mostrando a imagem em fluxo da coletividade assim virtualmente formada. Por conta própria, cada um haverá de entrar nessa aventura virtual e autêntica que vai unir, em uma imagem única e múltipla, todos os indivíduos pertencentes ao coletivo disseminado, com suas qualidades concretas e codificadas. Nesse ícone alto, tão alto quanto a Torre, as características comuns se juntarão em uma espécie de tronco e as mais raras nos galhos, com as excepcionais nas folhagens ou brotos. Mas como esse somatório não vai parar de mudar, pois cada um com cada um e cada um depois de cada um diariamente se transformam, a árvore assim erguida estará sempre vibrando intensamente, agitada por chamas dançantes.

Diante da Torre imóvel, ferrosa e ostentando, orgulhosamente, o nome de seu autor (esquecendo-se dos milhares que a ergueram, tendo alguns morrido na sua execução), diante da Torre que carrega, no alto, um dos emissores da voz do dono, estará dançando – nova, variável, móvel, flutuante, colorida, matizada, turbulenta, marchetada, mosaica, musical, caleidoscópica – uma torre volúvel, feita de pequenas chamas de luz cromática, representando o coletivo conectado, ainda mais real, pelos dados de cada um, ela se apresenta virtual e participativa – decisiva, quando assim se quiser. Volátil, viva e suave, a sociedade de hoje mostra mil línguas de fogo ao monstro de ontem e de antigamente, duro, piramidal e gelado. Morto.

Babel, estágio oral, sem torre. Das pirâmides a Eiffel, estágio escrito, Estado estável. Árvore em chamas, novidade vivaz.

Encantada, mas crítica, diz a Polegarzinha: permanecendo apenas em Paris, acho vocês dois bem antigos. Façam também arder essa árvore volátil às margens do Reno, para que igualmente dancem em imagem minhas amigas alemãs; no alto do colo dell'Agnello, para cantar com minhas colegas italianas; ao longo do belo Danúbio azul, nas margens do Báltico... Verdades para cá do Mediterrâneo, do Atlântico e dos Pireneus; verdades para lá, na direção dos turcos, dos ibéricos, dos magrebinos, dos congoleses, dos brasileiros...

Janeiro de 2012

Este livro foi composto na tipografia
Berthold Baskerville Book, em corpo 12/17,6, e
impresso em papel off-white no Sistema Digital Instant
Duplex da Divisão Gráfica da Distribuidora Record.